PROPOSITION DE LOI

RELATIVE

AUX ABATTOIRS

ET A LA

Création d'une taxe de visite et de poinçonnage des viandes

RAPPORT DE LA COMMISSION

ET

Discussion du Rapport de M. Teyssandier

ANGERS

LACHÈSE ET Cᶦᵉ, IMPRIMEURS-LIBRAIRES

4, Chaussée Saint-Pierre, 4

1897

PROPOSITION DE LOI

RELATIVE

AUX ABATTOIRS

ET A LA

Création d'une taxe de visite et de poinçonnage des viandes

RAPPORT DE LA COMMISSION

PRÉSENTÉ A LA SÉANCE DU 10 FÉVRIER 1897

M. Teyssandier, rapporteur,

Messieurs,

Vous avez renvoyé à l'examen d'une Commission [1] « la proposition de loi relative aux Abattoirs et à la création d'une taxe de visite et de poinçonnage des viandes, adoptée par la Chambre des Députés, et, avec modifications, par le Sénat. »

Après examen consciencieux des modifications apportées par le Sénat au texte primitif que la Chambre avait adopté et après une étude approfondie du texte nouveau présenté à la Chambre par la Commission parlementaire, votre Commission m'a chargé de vous faire connaître sa manière de voir et de soumettre à votre approbation, sous forme de vœux, les résolutions qu'elle a prises.

[1] Cette Commission est composée de : MM. Vigier, président de la Société ; Rossignol, secrétaire perpétuel, membres de droit : Caussé, Constant, Moreau, Robeis, Teyssandier, rapporteur, nommés par la Société.

La proposition de loi qui est soumise à la Chambre a pour but d'unifier la législation sur les abattoirs. C'est surtout, ajoute le rapporteur, une loi destinée à protéger la santé publique en rendant de moins en moins possible le commerce des viandes avariées et malsaines.

M. le député Chavoix déclare en outre dans son rapport que la Commission parlementaire a voulu donner aux communes, même à celles qui pourraient difficilement se syndiquer pour construire un abattoir, les moyens d'organiser un service de visite sanitaire qui sera pour elles une sauvegarde contre les inconvénients multiples des tueries. Le projet de la Commission stipule au § 2 de l'article 5 « que la taxe comprendra pour ces communes : l'établissement obligatoire d'un service d'inspection sanitaire. » Faisons remarquer que pareille stipulation rendue expresse, ne serait pas moins utile à l'égard des communes pourvues d'un abattoir.

En effet, l'article 90 du décret du 22 juin 1882, qui place les abattoirs et les tueries particulières sous la surveillance permanente d'un vétérinaire, ne vise, suivant quelques auteurs, que le cas où des maladies contagieuses sont constatées à l'abatage.

Or, il y a d'autres causes nombreuses et graves d'insalubrité des viandes : la proposition de loi aurait dû préciser les conditions qui peuvent rendre efficace la surveillance sanitaire des abattoirs et des tueries, au double point de vue de la police sanitaire des animaux et de l'*hygiène publique*.

Elle aurait dû, s'inspirant des prescriptions de l'article 90 précité, obliger les communes à confier cette visite au vétérinaire ou tout au moins à la placer sous sa direction.

Il suffisait pour cela que la Commission voulût bien reprendre cet article 90 et l'insérer dans la loi en lui donnant une signification plus étendue et plus conforme aux besoins de l'hygiène publique.

En passant, la Commission parlementaire signale au Gouvernement l'intérêt qu'il y a à ne pas laisser créer de nouvelles foires sans que le service sanitaire prévu par l'article 39 de la loi du 21 juillet 1881, *soit réellement assuré*, en raison de la connexité qui lie ces diverses questions sanitaires, et en attendant, ajoute le rapporteur, que *cette loi soit appliquée régulièrement partout*.

Sur tous ces points essentiels de la proposition de loi, l'accord existe entre le Sénat et la Chambre, mais il disparaît quand il s'agit de déterminer la taxe qu'il convient d'appliquer aux viandes foraines. Il est impossible, dit le rapporteur de la Chambre, d'accepter le taux fixé par le Sénat parce que, avec une pareille disposition, la loi ne produirait pas les résultats que tout le monde attend et qu'elle serait facilement tournée.

La Commission propose à la Chambre de rétablir le premier texte voté par elle, en adoptant une taxe *égale* pour les viandes foraines et pour les viandes préparées dans la localité.

Le rapporteur du Sénat, l'honorable M. Brunet, appuyait son argumentation sur des raisons d'équité et de liberté commerciale, assurément très respectables si elles ne devaient pas avoir pour résultat d'être contraires à l'intérêt supérieur de l'hygiène générale et de la santé des consommateurs. C'est en vue de cet intérêt supérieur que la proposition de loi est devenue nécessaire et indispensable ; et s'il faut s'arrêter devant des considérations de liberté commerciale à l'égard de ces établissements suspects que sont les tueries particulières, cet intérêt est sacrifié, la loi est inefficace.

Nul ne songe à dissimuler le but poursuivi : favoriser les abattoirs publics où le travail s'opère au grand jour sous la surveillance permanente de l'autorité sanitaire et où, par conséquent, toutes les garanties d'hygiène sont assurées : entraver au contraire le commerce suspect qui se fait librement dans les tueries particulières et qui se perpétuerait avec succès si la loi n'y mettait un terme en imposant des taxes et des obligations sanitaires indispensables pour donner au public toute la sécurité désirable.

Dans ces conditions ne paraît-il pas qu'il est de toute prudence de taxer la viande suspecte qui sort de ces établissements à un taux égal, et même supérieur si cela est nécessaire, à celui qui s'applique aux viandes saines préparées dans les abattoirs publics, afin que le produit de ces taxes puisse permettre aux administrateurs d'assurer un contrôle sanitaire sérieux ?

N'est-ce pas ainsi que les gouvernements procèdent à l'égard des substances qui n'offrent pas toutes les garanties désirables ? N'est-ce pas la conscience des mêmes dangers qui a déterminé les pouvoirs publics à organiser à la frontière une protection sanitaire contre les viandes importées ?

Votre Commission s'est ralliée sur ce point pour des raisons d'hygiène, aux propositions votées par la Chambre et reprises par elle après avoir été soutenues au Sénat par MM. Darbot et Thévenet.

Examen des articles de la proposition de loi

Titre. — Votre Commission, désireuse de voir le législateur donner une détermination précise à la proposition qui lui est soumise, dans son texte comme dans son esprit, émet le vœu que le titre de la loi exprime bien clairement, par l'adjonction du mot *sanitaire*, que la taxe de visite et de poinçonnage (ajoutez sanitaires) devra avoir pour affectation principale de pourvoir à l'organisation d'un service d'inspection sanitaire et vétérinaire.

Elle exprime aussi le désir de voir substituer l'expression « estampillage » à celle de poinçonnage, la première ayant, dans le langage technique, un sens mieux défini que la seconde.

Art. 1. — Au sujet du § 2 de l'article 1, qui inscrit une taxe de visite et de poinçonnage à percevoir par les communes pourvues d'un abattoir, sur les viandes foraines, égale à celle perçue sur les viandes abattues dans l'abattoir communal,

Votre Commission, qui a suivi attentivement les débats parlementaires sur ce paragraphe, a exprimé à l'unanimité le vœu que cette taxe soit calculée et établie de manière à être *suffisante partout* pour assurer l'organisation d'un service sérieux d'inspection sanitaire, en même temps que la prospérité des abattoirs publics.

Elle a pensé, contrairement aux dispositions de ce même paragraphe, que les viandes provenant des abattoirs, importées dans d'autres localités, doivent être soumises, dans tous les cas, à une deuxième visite sanitaire et à l'estampillage, au moment de l'introduction dans une localité ; et que, par conséquent, il y a lieu de maintenir pour elles, *en principe*, une taxe *pour le cas où les municipalités jugeraient cette taxe nécessaire* pour assurer la visite de ces viandes.

Votre Commission, en appréciant ainsi, s'est basée sur la nature essentiellement *périssable*, c'est-à-dire altérable de la viande, sur la nécessité qu'il y a d'assurer les garanties les plus complètes au consommateur et aussi sur l'obligation qui s'impose à toute administration communale soucieuse de ses devoirs, de surveiller par elle-même la salubrité des matières comestibles consommées dans la commune, sans se décharger de ce soin sur d'autres administrations voisines indépendantes d'elle.

C'est d'ailleurs la thèse soutenue avec éloquence et succès devant le Sénat par M. le Ministre de l'Agriculture, M. Brunet, rapporteur, et M. Darbot, à laquelle votre Commission s'est ralliée à l'unanimité.

Art. 2. — Au § 1er de l'article 2, qui stipule que la mise en activité de tout abattoir légalement établi..... entraînera de plein droit la suppression des tueries et *triperies* particulières.....

Votre Commission demande qu'au mot *triperie*, de signification trop restreinte, soit substitué l'expression : *ateliers annexes*, comprenant : fondoirs, ateliers d'échaudage, préparation du sang-engrais, dépôt de graisse, suif, etc.

Suivant le vœu de votre Commission, ces ateliers annexes des tueries, également dangereux pour l'hygiène publique et parfois pour les consommateurs de viande, devront aussi disparaître pour être groupés autour de l'abattoir, afin que la surveillance sanitaire du vétérinaire puisse s'exercer en permanence dans ces établissements.

Art. 4. — La Commission de la Chambre propose, au texte adopté par le Sénat, l'adjonction d'un deuxième paragraphe ainsi conçu :

« Mais en aucun cas ce périmètre ne pourra avoir un rayon de plus de cinq kilomètres à vol d'oiseau. »

Ce paragraphe nous a paru en opposition avec l'article 2 qui encourage la formation des syndicats de communes, suivant les dispositions de la loi du 25 mars 1890, en vue de la construction d'abattoirs intercommunaux.

Il est évident, en effet, que les communes ne comprendront pas l'utilité d'adhérer à ces syndicats, si dans les localités un peu éloignées de leur territoire subsiste la possibilité de créer ou de transporter des tueries particulières.

Suivant cette disposition, il pourrait advenir qu'une commune ne serait pas comprise entièrement dans le périmètre de son abattoir, ces établissements étant habituellement construits sur la limite des communes à un endroit éloigné des centres habités.

La partie de la commune non comprise dans le périmètre pourrait devenir un centre de tueries particulières. Aussi le danger ne serait pas amoindri, il ne serait que déplacé.

*

Cet inconvénient ne pourrait manquer de porter la plus grave atteinte à la prospérité des abattoirs qui continueraient à être désertés par certains bouchers.

A notre avis il faut tendre, par de sages dispositions, à augmenter autant que possible la zone d'action et d'influence des abattoirs publics et réserver les dispositions restrictives pour les tueries particulières. Il faut favoriser partout dans les campagnes la création d'abattoirs intercommunaux et cantonaux dont le périmètre devra embrasser toutes les communes du canton ou du moins le plus grand nombre d'entre elles. C'est vers la réalisation de ce but qu'il faut guider les administrations municipales en leur montrant les tueries particulières comme un danger permanent contre la santé publique.

Nous ne voyons d'ailleurs aucun inconvénient à laisser à la libre appréciation de l'autorité préfectorale la détermination du périmètre de l'abattoir. Celle-ci, éclairée par les conseils municipaux et par les conseils d'hygiène, tiendra compte, dans la mesure convenable, des circonstances et des nécessités locales.

Votre Commission, à l'unanimité, exprime le vœu que ce paragraphe soit supprimé et se rallie au texte de l'art. 4, tel qu'il a été adopté par le Sénat.

Art. 5. — Suivant le paragraphe 1, une taxe de 0,01 c. au plus par kilog. de viande de toute nature abattue *pourra* être perçue pour droit de visite et de poinçonnage dans les communes dépourvues d'abattoir communal ou intercommunal et dans les fractions de communes situées en dehors du périmètre de l'abattoir.

Votre Commission s'est demandée si cette taxe maximum de 0,01 c. serait suffisante pour assurer l'organisation d'un service sérieux d'inspection sanitaire dans ces communes qui deviendront, il faut le craindre, des centres de tueries particulières, où reflueront les animaux atteints de maladies, les ladres, les tuberculeux, etc., pour y être abattus à l'abri de toute surveillance et pour être ensuite dirigés vers les centres ouvriers et les garnisons, après avoir été soigneusement épluchés et parés.

Votre Commission se borne à exprimer ces craintes. Le législateur appréciera si le produit de cette taxe est suffisant pour assurer l'établissement obligatoire du service d'inspection prévu au paragraphe 2 de l'article.

Le deuxième paragraphe taxe également à 0,01 c. les viandes importées du dehors dans ces communes, et exonère seulement les viandes portant l'estampille d'un abattoir public. Au sujet de cette exonération de taxe nous rappelons les observations présentées à l'art. 1.

En résumé, votre Commission n'a pas trouvé dans le texte de cette proposition de loi l'expression nettement formulée des garanties d'ordre sanitaire qui sont indispensables à l'hygiène publique et à la santé des consommateurs. S'il est vrai, à n'en pas douter « que cette loi est surtout destinée à protéger la santé publique en rendant de moins en moins possible le commerce des viandes avariées, » on est en droit de s'étonner qu'il n'y ait dans son texte aucune disposition expresse déterminant d'une manière précise le but à atteindre.

L'intérêt public réclame la surveillance permanente des abattoirs et des tueries particulières où sont sacrifiés les animaux destinés à l'alimentation et le contrôle sanitaire le plus rigoureux des viandes qui sortent de ces établissements. La loi du 21 juillet 1881 sur la police sanitaire des animaux a inscrit ces dispositions, reproduites par le décret du 22 juin 1882.

« *Art. 90.* — *Les abattoirs publics et les tueries particulières sont placés d'une manière permanente sous la surveillance d'un vétérinaire délégué à cet effet.* »

Pourquoi les auteurs de la proposition de loi n'ont-ils pas introduit dans le texte ces sages dispositions en leur donnant une portée plus grande, profitable à la fois à l'hygiène de l'homme et à la police sanitaire des animaux ? Est-il permis d'espérer qu'il suffise pour atteindre le but visé de créer (avec quels ménagements l'a-t-on fait !), un régime de faveur pour les abattoirs publics et d'imposer des taxes dont la destination n'est que trop vaguement indiquée ? A notre avis, ce seront des moyens bien faibles et qui resteront impuissants si la loi n'impose pas en même temps des obligations sanitaires, qui sont par-dessus tout essentielles et indispensables.

L'inspection vétérinaire sanitaire doit être obligatoire dans les abattoirs et dans les tueries. Elle doit être exercée, si on la veut efficace, par des vétérinaires, partout où cela est possible, ou par des agents placés sous leur contrôle dans les localités qui n'ont pas de vétérinaire. Nous le répétons, ces obligations sont trop essentielles pour ne pas être inscrites expressément dans la loi.

On a trop montré à plaisir les difficultés matérielles d'organisation qui ne sont pas insurmontables [1] et qui sont appelées à disparaître. D'ailleurs les pays voisins, la Belgique et la Suisse, nous donnent l'exemple de cette organisation réalisée et de ces difficultés vaincues. Pourquoi ne pas le suivre, quand l'hygiène et la santé publiques le réclament impérieusement ?

Il appartient à la Chambre d'adopter et de maintenir ces dispositions sages, qui s'imposent parce qu'elles constituent les garanties essentielles que la loi présente doit procurer aux citoyens, en compensation des taxes nouvelles qu'elle met à leur charge.

Votre Commission vous propose d'émettre les vœux suivants :

Que les taxes à prévoir dans la proposition de loi soient calculées et établies suivant un taux strictement nécessaire, mais suffisant pour assurer partout l'organisation d'un service sanitaire d'inspection des viandes ;

Que la proposition de loi soit complétée par des dispositions expresses de nature à fournir les garanties les plus complètes à l'hygiène générale et à la santé des consommateurs ;

Que l'inspection vétérinaire des abattoirs publics et des tueries particulières figure expressément dans la loi comme une obligation sanitaire essentielle et indispensable ;

Que l'extension du périmètre des abattoirs ne soit gênée par aucune disposition restrictive, mais au contraire favorisée autant que possible.

Telles sont les résolutions générales auxquelles votre Commission s'est arrêtée et qu'elle soumet à votre approbation.

M. le Président. La discussion du rapport de la Commission aura lieu à la séance du mois de mars.

---

[1] Les travaux de la Commission départementale du Loiret ont démontré qu'il est possible d'assurer partout dans les campagnes l'organisation d'un service vétérinaire sanitaire à l'aide de préposés municipaux placés sous la surveillance et le controle permanent des vétérinaires.   C. T.

SÉANCE DU 10 MARS 1897

DISCUSSION DU RAPPORT DE M. TEYSSANDIER

M. Teyssandier, rapporteur. J'ai déjà dans mon rapport nettement fait connaître le sentiment de la Commission qui ne trouve pas dans la proposition de loi soumise au Parlement des garanties suffisantes pour l'hygiène et la santé publiques.

Votre Commission réclame ces garanties, *par-dessus tout intérêt professionnel*, parce qu'elles sont essentielles et indispensables à l'intérêt général.

Nous voudrions, et le Parlement serait peut-être d'accord avec nous, qu'il fût possible d'organiser en France le service de l'inspection vétérinaire, en faisant appel seulement au personnel médical, je veux dire vétérinaire, à l'exclusion de tout autre. Mais, il faut bien le reconnaître, comme le Parlement l'a reconnu, ce désir est irréalisable : il devient nécessaire, pour assurer une action sanitaire entière, de compléter le personnel vétérinaire par des agents étrangers à notre profession, agents qu'il faudra choisir et initier préalablement aux choses de l'inspection sanitaire, et qui opéreront toujours *sous la direction technique* des vétérinaires.

Il en est ainsi en Allemagne, en Belgique, en Suisse, etc., et cela s'impose aussi nécessairement en France, dans l'intérêt de l'hygiène publique.

C'est pourquoi nous jugeons très sages les décisions prises par la Commission départementale du Loiret ; très sage aussi la circulaire préfectorale dont je vous demande la permission de reproduire quelques lignes :

« Dans les communes dépourvues d'abattoir, mais dans lesquelles réside un vétérinaire, le service pourrait être organisé avec le concours de ce praticien.

« Pour les autres communes, il y aurait lieu de confier cette surveillance à un préposé spécial qui pourrait tout d'abord visiter les animaux sur pied et s'assurer qu'ils présentent toutes les apparences de la santé. On empêcherait ainsi, comme cela arrive encore trop souvent, qu'on ne livre à la consommation des bêtes malades que des bouchers peu scrupuleux sacrifient au moment où elles sont sur le point de mourir.

« Ce préposé serait chargé également de s'assurer de la qualité de la viande après l'abatage et de vérifier si les différents organes sont sains et ne présentent pas de lésions.

« Pour que cette vérification puisse se faire utilement, il y aura lieu d'exiger qu'avant la visite du préposé les viscères restent fixés naturellement en place et que les plèvres et le péritoine ne soient soumis à aucun grattage.

« J'appelle également votre attention sur la nécessité de faire procéder aux mêmes vérifications en ce qui concerne les animaux abattus chez les cultivateurs pour être livrés à la consommation.

« Des instructions vont être adressées aux vétérinaires sanitaires pour qu'ils initient les personnes chargées du contrôle aux moyens pratiques de reconnaître les animaux atteints de tuberculose ou d'autres maladies.

« Toutes les fois que l'agent municipal aura constaté qu'une bête sur pied est malade, ou qu'après l'abatage elle présente des lésions quelconques dans les organes, ou que la viande est suspecte, il devra en référer immédiatement au Maire qui interdira la vente jusqu'à ce que le vétérinaire sanitaire, qu'il aura fait appeler d'urgence, se soit prononcé. »

Ainsi par cette organisation qui reste essentiellement, sinon exclusivement vétérinaire, et seulement par elle, il est possible d'assurer immédiatement à l'hygiène publique toutes les garanties pratiquement réalisables.

M. Teyssandier donne lecture des conclusions de la Commission.

M. Roinard. Je déclare que je considère comme chose dangereuse d'initier les empiriques à des connaissances qui doivent être du domaine exclusif de la vétérinaire.

Je reconnais toutefois qu'il sera difficile d'organiser partout une inspection vétérinaire des tueries, mais il vaut mieux se passer d'inspection que de confier celle-ci à des empiriques qui, trop souvent, seront des amis des bouchers.

M. Garnier. Je pense, comme M. Roinard, qu'il ne faut pas confier la surveillance des tueries à des praticiens qui feraient concurrence aux vétérinaires.

Une inspection efficace dans les campagnes est impossible parce que presque partout les bouchers tuent le même jour et qu'il serait impossible à un vétérinaire d'être partout au même moment. D'un autre côté, trop souvent le vétérinaire sera placé entre son intérêt et son devoir et il courra le risque de mécontenter tout à la fois et le boucher et le cultivateur qui sont ses clients.

Il vaudrait beaucoup mieux multiplier les abattoirs et surtout favoriser la création d'abattoirs intercommunaux.

M. Brault. En effet, cette question de clientèle mérite d'être envisagée.

M. Rossignol. On peut bien ne pas prendre d'empiriques pour exercer une surveillance permanente dans les tueries, il suffirait, comme le proposaient MM. Bouley et Nocard, de s'adresser à une personne exerçant une profession sédentaire ou au garde-champêtre.

Il importe, je crois, que les animaux destinés à la boucherie soient visités avant et après l'abatage.

Si après l'abatage le préposé constatait des lésions, il devrait en référer au vétérinaire de la circonscription et une surveillance exercée de cette façon, si imparfaite qu'elle soit, vaudrait encore mieux que rien ; elle signalerait certains cas de tuberculose, par exemple, mettrait sur la voie de quelques foyers de contagion et empêcherait les abatages clandestins, si surtout toutes les viandes abattues étaient estampillées par ce surveillant.

Le Grand Conseil, dans sa dernière session, a émis le vœu qu'aucune viande ne pourrait être colportée si elle n'était pourvue d'une estampille apposée par un vétérinaire ; je me suis élevé avec énergie contre ce vœu, car il est antidémocratique et mettrait les consommateurs des villes à l'absolue discrétion des bouchers citadins.

Il s'en suivrait un renchérissement tel du prix de la viande que des réclamations énergiques ne tarderaient pas à se produire.

Les bouchers des campagnes font, en venant sur les marchés des villes, une concurrence salutaire qui assure à l'ouvrier et au petit bourgeois un approvisionnement en rapport avec la modicité de ses ressources ; chercher à entraver ces bouchers, c'est aller contre l'intérêt public.

Qu'on les surveille étroitement partout où la chose est possible, rien de mieux ; mais à l'impossible nul n'est tenu, et l'emploi des préposés ne me paraît pas aussi dangereux qu'on semblerait le croire.

M. Brault. La Société vétérinaire de la Seine-Inférieure et de l'Eure a vivement protesté contre l'intrusion des étrangers dans l'inspection des viandes.

M. Fuchs. M. Teyssandier, dans son rapport, parle bien d'inspection vétérinaire sanitaire obligatoire, mais je trouve qu'il ne précise pas assez, aussi devrait-il ajouter après le mot *vétérinaire* celui de *diplômé*.

M. Moreau. Pour des raisons que je développerai tout à l'heure et d'accord avec la Commission je demande que le troisième projet de vœu soit complété ainsi :

« *Et que le personnel sanitaire bénéficie des dispositions du § 3 de l'art. 103 de la loi du 5 avril 1884.* »

Le vétérinaire inspecteur d'abattoir ne pourrait être révoqué que par le Préfet.

M Baudry, de Vermenton. Pour parer à l'inconvénient du manque d'inspection des viandes et aux difficultés qu'on rencontre pour discerner une bonne viande d'une mauvaise, j'estime que les consommateurs devraient toujours faire cuire fortement leurs viandes.

M. le Président. Je mets aux voix le paragraphe 3 des conclusions de la Commission.

Celui-ci est adopté.

Les paragraphes 1 et 2 sont également adoptés sans discussion.

Paragraphe 4

M. Robcis. Le projet de loi limite le périmètre des abattoirs à cinq kilomètres, or il y a des villes qui ont un périmètre beaucoup plus étendu, c'est pourquoi il importe qu'aucune disposition restrictive n'intervienne.

M. Constant. On devrait laisser aux Conseils municipaux le soin de fixer ce périmètre.

M. Rossignol. On pourrait dire : le périmètre d'un abattoir sera proportionné à celui de la ville, sans quoi on s'exposerait, dans une ville qui aurait un périmètre de sept à huit kilomètres, à voir s'établir des tueries particulières qui nuiraient considérablement aux bons effets qu'on attend toujours de la création d'un abattoir.

M. le Président. Je mets aux voix ce quatrième paragraphe.
Adopté.

L'ensemble du Rapport mis aux voix est adopté à l'unanimité. Le vœu déposé par M. Moreau sera joint aux conclusions du rapport de la Commission.

ANGERS

IMPRIMERIE LACHÈSE ET Cⁱᵉ

4, Chaussée Saint-Pierre, 4